編繪 何同學
原案 CO-CO!創作組

齊來猜猜阿想在扮演甚麼職業吧!

發現理想

香港人愈來愈重視寵物的健康，

願意花大錢讓寵物看獸醫治病。

這是一個絕佳的就職機會！

你想當獸醫？

不，是當寵物被照顧～

動物救星
醫術愛心並存——
獸醫

在香港，大家熟悉的寵物獸醫並無按動物種類分成專科，因此需「周身刀、張張利」，對各類動物都要有相當認識。而要做獸醫，只有對動物的興趣並不夠，還要有尊重生命、關懷與保育的心，亦要有心理準備應付至少五年的課程與實習，因此獸醫之路可是相當艱鉅！

成為獸醫一份子！

目前香港並無獸醫管理局認可的獸醫課程，因此若想做獸醫，需按獸醫管理局認可的課程名單，於英國、美國、澳洲、甚至台灣等地修讀，畢業後再回港註冊。但獸醫課程競爭非常激烈，錄取資格也很高呢。

微型晶片　　專業技能

獸醫會為狗隻植入微型晶片，

獸醫有不同專長，例如寵物獸醫擅長醫治貓狗，

萬一狗隻走失，亦可憑晶片找回狗隻主人。

家畜獸醫則擅長醫治馬和牛等大型動物。

這個方法太好了，我現在就要用！

你有飼養狗隻？

我的橡皮擦經常走失，用了晶片就不怕了～

這是你把東西隨處放！

你擅長甚麼？

不過我的專長比較特別！

我是「瘦醫」，擅長幫動物減肥。

5

實習工作

人禽之別　　寵物訓練

我的寵物每天早上也會叫，可以介紹動物訓練員給我嗎？

同樣是醫生，醫生和獸醫有很大分別。

因為獸醫的病人不會說牠哪裏不舒服…

這行不通，訓練也沒用。

但是不會「訴苦」也有個好處，

難道是因為有病才叫？

不是…

就是他們不會投訴藥很苦～

因為牠是公雞，天性就是會叫。

特效藥

我的狗晚上不停吠叫，怎麼辦？

吠叫也要吃藥？

簡單，我給你一包藥，每晚吃一粒。

不是給你吃，是給牠吃。

我吃!?

這是安眠藥，你睡着就聽不到吠叫聲了～

中醫治療

醫學不斷進步，獸醫亦引入新技術，

例如現在會用針灸為動物治療。

我認為拔罐也有效。

你指拔火罐？

是這種拔罐～

發現毛病　　獸醫知識

身為獸醫，我擁有很多動物知識，貓狗蛇鼠都會醫！

醫生，我的寵物怎麼了？

唔…有點小毛病。

懂得醫牛嗎？

懂！

太好了，只是點小毛病。

太好了，我這牛很多人也不會醫。

交給我吧！

不…我是說「少毛病」。

蝸牛!!

來得太遲　　打針

水療　　　　上門獸醫

現在除了診所獸醫外，還有上門獸醫。

現今連動物也有水療服務，

讓寵物在家中接受治療，這樣牠會較有安全感。

在水中步行，進行物理治療。

我認為這個制度很好～

除了健康外，連情緒也照料到。

不過這方法有一大缺點！

甚麼缺點？

就是我的金魚不能進行水療。

根本就不需要！

若讓我在自己家中診治，我也很有安全感～

你這只是懶！

11

如同 偵探查案？

動物不會說話，看醫生時不會說明自己的病情，那獸醫要如何判斷他們患上了甚麼病？就由余志軒醫生講解獸醫如何抽絲剝繭，如偵探一樣診斷病症！

土瓜灣動物醫院
余志軒醫生
行醫年期：10年

獸醫的診斷技巧

問：你會如何判斷動物患上甚麼病？

余：動物患病有很多可能性，我會「望聞問切」，觀察牠們的行為來判斷。例如狗隻不斷用頭頂牆，有可能是頭痛。若牠一直低頭，可能是頸痛，駝背則是肚痛。透過觀察，縮窄病症的範圍。

↑縮窄範圍後，再作仔細檢查驗證真正症因。

問：除此以外，還會如何收集資訊？

余：向動物的主人瞭解病徵，例如狗隻有沒有食慾不振或嘔吐的症狀。不過有時主人可能會忽略寵物的症狀，或故意虛報，這都需要我們耐心溝通，發掘動物的真正狀況。

問：還有甚麼因素有助你們判斷？

余：品種、年齡都有影響。例如有些狗隻年紀大後容易患上骨癌，若這種狗隻前肢腫脹，年輕的可能是骨頭出現裂痕，年老的可能是患上骨癌，需要更深入的檢查。

←就如同查案一樣，不斷收集證據才能發現真相。

余醫生飼養的巨大象龜，下圖是余醫生準備替牠檢查口腔。

獸醫醫病

問：有沒有居住環境引致生病的例子？

余：有些烏龜天性要挖洞生蛋，但居住環境沒有泥土可挖，讓牠肚子積滿了蛋生不出來。當瞭解這些相關資訊，才能判斷病因，對症下藥。

獸醫的成就感

問：當獸醫最大的樂趣是甚麼？

余：當獸醫非常自由，因為獸醫不會分門別類，例如心臟和骨科等。無論是心臟或骨骼，獸醫都有機會醫治。同時獸醫範圍很闊，除了一般貓狗外，亦有機會到非洲醫治大型動物。

↑由於香港獸醫沒有分門別類，所以任何動物和病症獸醫都有機會碰上。

給未來獸醫的建議

問：若將來想成為獸醫，有甚麼要準備？

余：第一件事是需要有好成績，因為外國的獸醫大學要求很高。面試時只說「熱愛動物」並不足夠，若曾當過愛護動物協會的義工，瞭解獸醫工作會較有幫助。獸醫課程亦很辛苦，曾有人形容5年的獸醫課程就像5年的AL（昔日的高中公開考試），還有實習需要完成。

若想成為獸醫，可以考慮前往英國、澳洲或較近的台灣研讀相關學位，不過每所的學費都不便宜啊。

鳴謝：土瓜灣動物醫院

努力的原因

守護社會 導人向善——
懲教人員

懲教工作近年已一改刻板可怕的印象，愈趨重視在囚人士改過自身、貢獻社會的「更生」一環。但因性質是處理人的問題，所以工作依然充滿變數及挑戰，必須具備良好體能、應變能力及穩定的情緒。

成為懲教人員一份子！

所謂「不能律己，何以律人」，自律是懲教人員的基本要求。不論投考二級懲教助理或懲教主任，入職甄選都極為嚴格，需通過體能測試、基本法及能力傾向測試、小組及個別面試，亦要接受職前訓練，於各類懲教院所實習。另外，除了在囚人士，懲教主任還要督導初級職員，因此領導才能也是此職級的必須條件。

工作地點

懲教人員的職業性質特殊，得來又有意義呢！

但關於工作地點，還是有點隱憂…

你擔心所員對我們構成危險？

別擔心！現在的懲教所所保安系統都相當嚴密的！

不是這個問題…

爸媽的朋友問起我近況，他們都說，我最近在監獄裏，很惹人誤會呀！

懲教使命

懲教署的工作宗旨，從其名字就能推斷出來。

懲教署

Correctional Services Department

而英文名稱更突顯它「幫所員糾正過錯」的使命！

那我不要去當職員了，我要去當所員！

為甚麼?!

那麼我功課的所有錯誤，都有人幫我糾正了～

不是這些錯誤！

懲教裝備

警察有飛虎隊，懲教署也有「緊急應變隊」！

他們主要工作是鎮壓暴動囚犯。

而裝備中的胡椒球催淚槍…

就最適合拿來做胡椒豬肚湯！

別拿裝備來玩！

職業訓練

懲教署會為所員提供職業訓練，協助他們改變思想，重投社會。

其中，生產工作讓他們為大小機構提供各類產品，體驗貢獻社會的滿足感！

真有意義！

生產甚麼？

沒錯！如果可以生產其他東西就更好！

生產玩具給我！

16

體能要求　　更生高手

懲教署除管理懲教所外，也會提供更生服務。

懲教人員的體能要求相當嚴格！

說到更生服務，我很在行！

自衛能力及制服犯人能力不足，都無法勝任！你有信心嗎？

你協助過很多更生人士嗎？

非也。

放心！我已經達到最低體能要求了！

即是怎樣？

我經常更新·手機程式！

起碼跑力氣推你去擋住我前面吓！

徹底檢查

我們對違禁品零容忍，因此所有外來物品都要通過檢查。

所員親友寫來的信件，都要先拆開看看會否有特殊信息。

雖然保障了懲教所安全，但太習慣這工作卻給我帶來不便⋯

怎麼了？

以往曾有在郵票底部黏有違禁品的例子，所以就算信件安全，我們也只會轉交信紙。

吱吱吱

我檢查電郵太徹底，連垃圾連結都打開檢查，令電腦感染病毒了！

警衛犬隊　　管教妙招

懲教警衛犬隊是懲教署其中一個設施。

你這個月要被安排去go-go懲教所做看守員！

負責嗅查所員或外來人士有否違禁品。

那裏的所員比較麻煩，你知道怎樣管教他們吧？

沒問題！

你身上有違禁品！

呀！

冤枉！

汪汪!!

我有個好方法，保證他們聽聽話話！

說來看看！

我只是身上帶了很多狗糧…

就是他們不老實的話，就趕他們走！

安排取消!!

19

安慰時刻

懲教人員最感安慰的時刻就是看見有人刑滿出獄。

最希望的事,就是所有所員都改過自身,重投社會!

但老實說,我不太希望那一天到來…

零罪案不好嗎?

那代表我們全部人都會失業,有甚麼好?

經驗豐富

新入職的懲教主任要接受為期26週的訓練。

當中包括心理學及犯罪學!

我對犯罪學素有研究!

真的?

我常常約朋友出來「飯聚」!

20

懲罰與更生　　設防制度

90年代之前，懲教署以懲罰為主，有笞刑等不同處罰。

全港共有29間懲教設施。

但隨時代變遷，現在則主力更生服務，希望所員能改過自身。

而其中有6間屬於高度設防。

我非常同意和支持這想法！

真的嗎？

你數少了一間！

怎麼可能？

其實我弄壞了你的電話，你可不要處罰我呀！

你⋯⋯!!

就是我家呀！媽媽不給出門，還不是高度設防？

21

說起「懲教署」會令你想到甚麼？監獄？懲罰？其實懲教署現今對「更生」一環亦非常重視！讓專門負責更生事務的陳嫣婷講解她如何協助在囚人士改過自身吧。

鳴謝、資料及照片提供：
香港懲教署
公關及新聞組

DEPARTMENT
OF SOCIOLOGY
社 會 學 系

Athena修讀完犯罪及司法學學位的畢業照片。

使命感轉化為工作契機！

懲教工作並非單純羈管院所在囚人士，還有很多更生工作能幫助他們改過自身。Athena就是在修讀犯罪司法學位時，透過在懲教署工作的同學認識這一點，於是決定投考這充滿使命感及挑戰的工作！

Athena認為，很多人一旦犯事便斷送一生前途，但若他們能因自己的力量而改變，就是這工作的最大意義，而這也是她的最大目標！

可以說，在大學遇到的人和事，是她進入懲教署工作的契機呢。

想知道所謂「更生工作」實際上做些甚麼嗎？看左頁就會有答案！

懲教署職員訓練院
CORRECTIONAL SERVICES DEPARTMENT
STAFF TRAINING INSTITUTE

懲 教 署
Correctional Services Depart
學員結業會操
Passing-out Parade

現在負責更生事務的Athena最初是被分派到大欖女懲教所擔任班務職務，負責羈管在囚人士。穿起制服的她，流露出颯爽英氣！

陳嫣婷 Athena Chan
懲教署 勵顧懲教所
更生事務組一(監管) 懲教主任

更生的天空！

更生工作流程概覽

更生服務分為不同組別，Athena就專門負責喜靈洲勵顧懲教所的監管事務，來看看她的工作流程吧。

會見進入懲教所的在囚人士，了解其背景、干犯罪行原因等。

↓

與在囚人士家屬保持緊密聯繫，同時在所內向在囚人士提供適切輔導。

↓

在所員為期2至12個月的刑期屆滿獲釋後，提供一年的釋後監管，即不定期前往受監管者的居所或工作地點探訪，予以密切監管及輔導。

←

如發現受監管者違反監管令，則會憑署方發出的召回令，把受監管者召回懲教院所再次接受訓練。

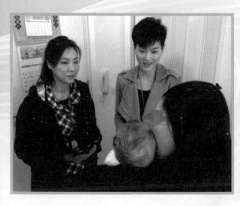

更生工作如路燈！

曾有位媽媽因吸毒而生下患上腦麻痺的小孩，小孩長期留院之餘自己亦被判進戒毒所，情緒非常低落。但在Athena的鼓勵和協助後，她重拾目標，刑滿後受監管期間還找到穩定工作，小孩情況亦見進步。可見更生工作就如迷途路上的領航員，令曾犯錯的人重回正軌！

Athena表示每次家訪都要保持高度警覺，也付出相當多心力幫助更生人士。她又認為吸毒者是各類更生人士中最難監管的，因毒品嚴重影響身體機能，導致情緒問題，甚至對親友構成危險，因此大家也記住要遠離毒品啊。

亦懲亦教
懲教主任開啟

懲教演變170年！

看過懲教主任的點滴，不妨回到原點——懲教署到底是怎樣的機構？經歷甚麼歲月才發展成今天的面貌？位於赤柱的懲教博物館就正好可讓大家有透徹了解。

館內分10個主題展區，展出各種以往及現今的監獄、懲教人員及在囚人士的物品，最矚目的，莫過於進門後第一展區看到的三台懲罰刑具！

懲教博物館
香港赤柱東頭灣道45號
開放時間：星期二至星期日10am-5pm
（逢星期一及公眾假期休館）
網頁：http://www.csd.gov.hk/
emuseum/index_tc.html

左至右分別為幼藤、粗藤笞刑刑具，及苦工工具「曲軸」，三者均隨體罰條例的廢除完成了歷史任務。

如館內文字所言，懲罰既無建設性又沒有意義，因此隨著1982年由「監獄署」易名「懲教署」，更生事務成為首要工作，其中一環便是工業及職業訓練。九號展覽室就介紹了職業訓練的種類，以及在囚人士製成品的模型！

←除了培養工作習慣，訓練還能讓在囚人士學得一技旁身，且實在地貢獻社會——不說不知，垃圾桶及公路上的大型路牌原來都是出自在囚人士之手呢～

懲教設施面面觀~

而説到懲教設施，當然不只懲教院所，右列設施只是其中一部分！

懲教署職員訓練院就位於懲教博物館旁邊，運氣好的話，參觀博物館時説不定能碰上懲教職員的演習訓練！

訓練院正門

訓練院操場

作為紀律部隊，入職訓練不可缺少，其中「懲教主任」和「二級懲教助理」這兩個入職級別，分別要接受26個及23個星期的留宿訓練。在職人員也要接受複修課程等訓練，務求使工作知識保持最高水準。

職員訓練院
為新入職以及在職懲教人員提供訓練。

中途宿舍
讓有需要的所員離開院所後入住，以重新適應社會生活。

羈留病房
設於伊利沙伯醫院及瑪麗醫院，為懲教院所醫生轉介的男女患病在囚人士提供醫療服務。

旺角輔導中心
所員的親友如不便前往院所探望，該所員可申請視像探訪，經批准後，探訪者便可在此進行視像探訪。

成為懲教人員！

因為肩負令香港成為零罪案社會的使命，投考懲教人員當然要「過五關斬六將」！以投考「二級懲教助理」為例——

而除了學歷，成為懲教人員還要具備連串特定質素！看看以下資質表，認為自己符合的便打「剔」，再朝着未達到的努力吧！

- 體能測驗
- 小組面試
- 能力傾向測試及基本法測試
- 個別面試
- **成功入職！**

□責任心　　　　□堅定意志力
□領導才能　　　□使命感
□守時　　　　　□守法
□良好溝通技巧　□合作精神
□同理心及愛心　□自律性
□耐性　　　　　□歸屬感

記者職責

記者是一份崇高的工作，

他的職責就是報導事實真相！

何謂不偏不倚？

不偏不倚，

簡單，我來示範。

這本漫畫可能好看也可能不好看～

你只是在說廢話！

新聞隨時發生，全靠記者，大家才可知悉世界每天大小事。專業的記者會眼觀四面，耳聽八方，以良好語文能力、理解及組織力，在採訪後短時間內把新聞不偏不倚呈現。記者工作時間長且顛倒，有時還要被派駐外地。雖然辛苦，但充滿挑戰及新鮮感，更能透過工作大大增廣見聞！

成為記者一份子！

至少要有大專程度，學科也要與新聞系相關。但近年興起不少網上媒體，照片及短片新聞更能吸引觀眾，因此衍生出與文字記者聯袂採訪的「攝影記者」，雖然這類記者並無學歷要求，但新聞畫面往往一瞬即逝，所以除了攝影知識與技術，還要有良好觀察力。

攝影記者　記者的工作

記者的工作就是發問！

新聞往往發生於一瞬間！

關於這一頁，你能否詳細說明？

不可以。

要捕捉這一刻，記者必須注意四周！

你一定要向公眾交代！我們有知情權！

然後按下相機的快門！

你甚麼時候救我啊！

機會難得，再拍一張～

現在是考試啊！不要再問！

數學測驗
3/105-25=
(9+)×(6-9)=
0×0=

27

新聞最前線　　戰地記者

隨着科技發展，街上每個人也是記者。

只有勇敢的記者才能成為戰地記者！

若要保持專業，就要比人走得更前！

因為他們要深入戰場採訪，非常危險！

你是指不怕危險，走到最前線採訪？

其實我也是戰地記者。

你曾去過戰場？

我是指用最新型的手機！

一到冬天，到處都是戰場！

不准搶我的肉！

28

狗仔隊　　專業報導

記者之中有一種叫做狗仔隊。

有些記者為了謹眾取寵會作新聞，

他們會跟蹤他人，揭發秘密。

但我身為專業記者，一定不會這樣做。

我認為這根本是我的天職。

為甚麼？

真令人佩服！

當然了！若由我來報導的話…

因為我的鼻子像狗一樣靈～

你這只是為食！

我會作得更誇張～

夢想日報

發現月球有玉兔，而且喜歡吃月餅

行業術語

30

特派記者

一些記者會被派到外地駐守，成為特派記者。

香港就有駐北京和駐日本的特派記者。

天壇

鐵塔

我想被派到再遠點的地方。

例如歐美？

派到斯比O星，當薄派記者！

速記

記者訪問時會用速記，你會用嗎？

當然會，而且速度快得無人能及！

這麼厲害!?

不過有一個小小缺點。

甚麼缺點？

就是連我自己也看不懂寫了甚麼……

31

堅忍精神

為了採訪新聞！記者付出不少！

有時候甚至連飯也不吃！

記者也是人，為甚麼不吃？

因為我是美食記者，要拍完照才能吃！

臨危受命

身為專業記者，無論任何時候都要完成報導。

假若明天是世界末日，你會怎樣報導？

雖然是個難題，但考不到我的！

你看，這就完成了！

夢想日報
今日休刊！
www.keepdreaming.com

寫作技巧

上司要我發掘某個明星的醜聞，可是對方很正直。

這時候只要運用一點寫作技巧就可以了。

怎樣的寫作技巧？

例如你看到他如廁後洗手……

就寫「他竟然去完廁所會洗手，實在令人髮指！」

背後支援

電視台，會有記者、攝影師、導演等支援。

報紙記者也有編輯跟進新聞。

但我是孤單一人的記者……

你是甚麼記者？

我是網絡記者！

你這只是上網成癮！

瞬間掌握——記者實戰教室！

學校有校報、地區有區報，全港還有各種報章、電視及電台，記者人員多不勝數，到底他們是如何開展一天的工作呢？就由我為大家揭開這個秘密吧！

記者每天的工作流程

與一般工作相比，記者的工作時間大多較晚開始，我們以香港某間中小型報館為例，列出一般記者每日的工作流程：

```
00:00
採訪主任分配當日工作
        ↓
00:00~13:55
下班時間，如有訪問則需出席
        ↓
14:00
記者上班時間
        ↓
15:00
機動組上班時間
        ↓
23:00~23:55
下班時間
```

這個流程不包括進食時間，記者會找空閒時間進食。

採訪主任：
分「早晚」兩更，收集各種記者會及活動資訊，為記者分配採訪工作。

機動組：
主要任務是在報館內收聽電視電台及閱讀各類新聞報章，整理當天發生的新聞資料，並隨時為突發新聞作準備。

不准借故偷走！

我嗅到突發新聞的味道了～

記者的百寶

工欲善其事必先利其器，若要採訪工作事半功倍，現代記者會帶上甚麼裝備？

數碼相機

雖然大多記者有攝影師陪同，但仍會帶上具攝錄功能的數碼相機，以免錯過拍下新聞資料的機會。

智能電話

不可或缺的聯絡工具，隨時隨地與上司同事及受訪對象聯絡。

錄音筆

雖然電話也可錄音，但專業記者仍會用錄音筆以免受訪途中被來電打擾。

平板或手提電腦

既可儲存和瀏覽資料，亦可於採訪現場即時撰寫稿件，令記者的工作變得更方便。

筆記簿及文具

雖然電子器材愈來愈方便，但仍未能取代傳統文具的地位。

突發記者的生態

若說到我們身邊的記者，一定非「突發記者」莫屬，他們每天都分散於全港各處，一旦有消息就立刻趕去新聞現場！

工作流程

每天分為三至五更，工作約10小時，上班時於公司取得攝錄器材後，便駕着採訪車四出尋找新聞。

採訪過程

突發記者到達新聞現場後，必須盡快理解整件新聞事件，並回報給報館，由寫作記者負責撰寫稿件，分工合作。

鳴謝：本港港聞記者朱先生
本港突發記者江先生

變身成採訪車，機動性更高！

巴士出發

路面交通路路通——
巴士車長

長期坐在司機位，並重複來往同一路線，巴士車長的工作缺乏環境變化，因此極考耐性。而且香港陸路交通一向繁忙，因此眼手腳協調能力、駕駛技術都很重要。但如能每程都把數十名乘客安全、準時送往目的地，其滿足感也是難以比擬的。

成為巴士車長一份子！

要考取巴士駕駛執照，需持有香港身份證、有效私家車或輕型貨車駕駛執照至少三年，並有良好駕駛紀錄、及通過面試、駕駛測試和體格檢驗。目前香港有 4 間專營巴士公司，全都設有訓練學校，提供基本操作、模擬駕駛訓練及路試等職前培訓，確保車長擁有駕駛巴士基本水平。

司機訓練

香港人多車多，駕駛巴士絕不容易。

每名新入職的巴士車長，都要接受訓練。

導師會坐在司機旁，觀察司機的技術是否合格。

現在開始訓練，你知道第一步嗎？

當然知道！

請你付款～

駕駛經驗

香港人多車多，駕駛巴士絕不容易。

不過我有豐富駕駛經驗來彌補！

你有多年駕駛巴士的經驗？

沒錯！

我有多年在上層扮駕駛的經驗！

銅鑼灣
CAUSEWAY BAY

路線

阿想，明天開始你負責走中環至柴灣路線吧。

我不要。

我有一條路線非常想行駛！

哪一條？

82B。

全港最短的巴士路線，可以最快下班！

巴士好處多

坐巴士有很多好處～

例如可以看風景，而且經常有座位，

最重要是車費比較便宜。

你錯了！

我們現在坐的 A10，收費 $48 一程～

---

* 九巴巴士 82B，由美田至大圍街市，全程 0.9km。

* 城巴巴士 A10，由鴨脷洲邨至機場，收費 $48。

挑戰極限　各種款式

巴士有很多種，例如九巴、新巴、城巴……

你知不知道巴士有很多紀錄？

例如？

不過我最怕的是酒吧。

例如最疏落的巴士要115分鐘才有一班！而最密的1分鐘就有一班！

當然了，酒後駕駛一定不行！

不過這個紀錄很快就會被我打破！

真的!?

因為由我做司機，每班會再遲一小時。

開快一點啦!!

等等我啊！

我是説「走」巴……

＊嶼巴 34 線，最多每 115 分鐘才有一班；
九巴 273 線，最頻密時每分鐘有 1 班。

日新月異

2012年各路線的巴士全換成空調巴士，「熱狗」正式消失。

隨着時代進步，巴士上更加裝了電視機！

如今有些巴士還有Wifi，實在太危險了。

怎會危險？

因為我會忍不住想用手機上網。

優秀設計　　工作意義

不少總站都設有茶水站，

駕駛巴士是一件非常有意義的工作。

方便司機以便宜價錢用膳。

既可協助乘客到目的地，又可滿足駕駛樂趣。

怎樣做？

不過我認為這個服務可以做得更好！

不過這份工作有個缺點⋯

甚麼缺點？

例如每個車站都有茶水站讓我休息～

每天都敗北(by bus)，意頭不好。

早晚班

巴士車長早班大約凌晨3-5時開始工作，

晚班則在下午3時上班，你想選哪一班？

當然選早班。

為甚麼？

因為可以趕回家看動畫～

號碼玄機

其實巴士的編號代表他行走的路線，

以A開首代表他走機場路線，N開首則是通宵巴士。

而我特別想開Z222路線。

這路線去哪裏？

直達周公廟～

不准睡啊！

42

巴士類型

大家可能不知，其實巴士名字可以非常有型！

例如右邊叫統治者，左邊叫巨龍！

不過說到我的心水名字……

當然是貓巴士了～

自豪之處

其實巴士車長是一份令人自豪的工作，

全賴有車長大家才能順利上下課。

還有一點令我們特別自豪。

哪一點？

一輛巴士價值數百萬，比不少私家車還貴！

21世紀的高科技車長！

與人相比，巴士真的很巨大啊！

雖然巨大，車長卻能把它操控靈活。今期就由一位資深車長，分享一下21世紀的巴士車長有甚麼特色～

車長的日常工作

問：請問車長如何開始一天的工作？

余：我們首先會簽到，然後得知被安排駕駛的巴士路線。其後要檢查車身、八達通及自動報站系統。

問：請問如何檢查？

余：只要輸入路線號碼，電腦就會自動顯示相關資料。萬一出現故障，亦可以重新啓動恢復運作。

問：請問你最喜歡哪一條路線？

余：我喜歡赤柱路線，雖然路窄彎位多，非常考驗技術，但沿路有美景可以欣賞，午飯時間還可以到赤柱品嘗美味海鮮～

城巴巴士車長
余潤棋先生
任職車長年期：
19年
最常負責路線：
260號、6號線等
赤柱路線

▲由車頭至車尾一路上都有扶手，在巴士上行走時記緊要抓穩！

無間斷扶手！

問：請問你除了駕駛外，還有甚麼工作？

余：現在很多老年人乘搭巴士外出，我會了解他們的目的地，快要到達時通知他們，假若他們坐在優先座，這樣我就更容易通知了。另外，在開車前我會確保他們已坐好，才慢慢開車確保安全。

現代巴士的新功能

時代進步，巴士亦不斷進步，讓車長和乘客擁有愉快的行程。

鳴謝：
新世界第一巴士服務有限公司及城巴有限公司

自動報站系統

攝錄影像

自動報站系統

車長輸入路線及方向後，巴士就會用GPS定位，自動在電子熒幕或廣播表示現在位置及下一站，這樣車長就可專心駕駛，乘客亦能隨時得知現時位置。

攝錄影像

新款巴士四周都裝有攝錄鏡頭，全面掌握車內、外的情況，讓旅程更安全可靠。

▶兩側及司機位置都裝有鏡頭啊。

入口斜台

車長不單要駕駛巴士，亦會協助行動不便的乘客上車。低地台巴士設有斜板及輪椅位，方便輪椅乘客上落，車長亦樂意協助輪椅人士綁上安全帶後才開車。

◀還有為老人孕婦等而設的優先座，各位讀者記緊把座位讓給有需要人士啊～

◀為了方便輪椅上落，斜台會放在行人路上減低斜度。

成為車長第一步

訓練巴士！

▲旁邊設有導師專用的座位和剎車器。

你若想成為巴士車長，只要滿足以下條件就有機會了！

持有10號(公共巴士)或17號(專利公共巴士)的有效駕駛執照，有駕駛大型車輛經驗及良好駕駛紀錄；

或，持有1號(私家車)或2號(輕型貨車)有效駕駛執照滿三年，以及良好駕駛紀錄便可申請，公司會安排訓練及考取巴士執照。

成為車長後要再接受駕駛訓練，通過訓練才能投入服務啊～

入職條件

你想成為動物訓練員，你有甚麼優點？

我有照顧大量寵物的經驗。

大量寵物？你家養了很多貓狗？

不是，

是頭蝨～

貼身照顧動物明星——
動物訓練員

動物訓練員的工作並非與動物玩耍共處那麼簡單，亦包括每天準備及餵飼食物、清理糞便、檢查訓練設施等，風雨不改，所以對體力有相當要求。因為是付出與收穫對等的工作，想與動物建立穩定的互信關係，就要有無比耐性及真誠。

成為動物訓練員一份子！

以海洋公園動物訓練員為例，初入職需先按組別成為見習員或兼職飼養員，學習各種動物的基本護理知識，累積1年經驗後便可升至助理訓練員。然後再視乎情況，並通過特定考核後，約1、2後成為正式訓練員。

餵飼工作　　動物觀察

動物訓練員必須有良好的觀察力。

動物飲食不健康就有機會生病，所以餵食要小心謹慎。

仔細觀察動物的習性，才能把牠們照顧好。

這技巧我早就掌握了。

飼料必須要新鮮才夠安全。

你有觀鳥嗜好？

不過單憑外表難以確保新鮮，

先讓我試毒就最安全了～

不准偷吃！

我每天都花半小時觀察自己～

這只是自戀！

清潔工作　　動物本能

透過訓練，我們可以讓動物聽從命令，

清理動物的排泄物是每天的重要工作，

然後讓牠們執行簡單的指令。

不過動物會四處排泄，令工作變得麻煩。

我一定要用訓練技術改變現狀！

你想訓練動物在固定地點大小便？

不過有一點我們無法控制。

是哪一點？

是訓練牠們自行清理！

本能。

照顧猴子　　工作特質

必備知識

訓練員要注意動物有沒有生病或受傷，

具備獸醫知識。所以我們還必須

我早就具備相關知識了～

你有獸醫執照？

《來治猩猩的你》我看過3次～

爬蟲館

館內只有小蜥蜴，吸引不了遊客。

那我們飼養大的吧？

↑科莫多龍

要去哪裏找啊……

簡單！

哥○拉是受幅射影響才變大，我們讓蜥蜴感受電話幅射就行了。

訓練鸚鵡

你訓練的鸚鵡怎樣了？

非常順利！

我成功訓練這隻鸚鵡懂聽人話了～

真的？讓我試試，你好嗎？

呱呱

我只訓練了牠聽懂人話，未訓練牠說人話。

稀有國寶

熊貓是國寶，大受遊客歡迎。

但我覺得牠們違反自然！

你指牠們本來是肉食動物，現在只吃竹葉？

不是。

是牠們明明每天吃飽睡足，臉上竟還有黑眼圈！

51

融入環境

例如放下手機，避免響聲驚動牠們，

要讓動物放低戒心，必須融入牠的生活環境。

怎麼才夠徹底？

這樣還不夠徹底。

手錶和頸鍊亦要脫下，以免反光刺激。

要和牠們一樣每天睡17～20小時才行。

52

精神鼓勵

每當動物成功完成指示，就要給予食物作獎勵。

不過每次也用食物，對動物的健康不太好。

所以我決定改用精神獎勵！

動物又不會上網！

給牠按個讚～

聰明的海豚

海豚是訓練員的好拍檔，

因為牠們的智慧比靈長類動物更高，

我希望訓練牠們學會算術，

這樣我的功課就可交給牠們做了～

把海豚照顧得無微不至～

與可愛海豚一起生活～

海豚護理員的日常～

海豚Jessie & Molly的訓練員～

相信不少讀者曾欣賞過海洋劇場，今天 **COCO!** 就帶大家到幕後，看看海豚護理員是如何照顧這些活潑好動的海豚～

海豚護理員—Michelle

Michelle是海洋公園中「海洋劇場」的動物護理員，負責照顧劇場內的海豚和海獅，就由她來說說護理員有甚麼特質和工作吧。

動物護理員的特質

愛護動物	Michelle表示她與動物相處的時間甚至比與家人多，必須願意把時間和精神花在動物上，才能把牠們照顧好。
觀察力強	觀察仔細才能發現每隻動物各有不同性格，而且必須仔細留意牠們身上的班紋和外形，才能逐一分辨出不同海豚。
積極學習	除了中英文流利和照顧動物的知識外，護理員還需要學習獸醫和藥物知識。Michelle在入行初期的工作就是學習這些知識。

護理員的日常工作

護理

護理員每天為海豚量度體重和體溫，偶然還要替雌性海豚作超聲波檢查，每天替動物檢查身體狀況，才能確保動物健康。

↑ 海豚也是要刷牙的～只要護理員伸手，海豚就會張開嘴巴讓護理員用電動牙刷為牠刷牙。

餵食

海豚每天要吃4~5餐，並由獸醫訂出等同牠們體重5~8%的餐單，於每天9:30、12:00、14:00、15:30、及17:00餵食。

↑ 這就是海豚每天的食物，由上至下是：沙甸魚、魷魚、橫澤和多春魚。

護理訓練

訓練的作用，一方面讓海豚學會如何配合護理員的照顧和檢查，另一方面亦能培養人類和動物之間的信任。每當海豚成功配合護理員後，護理員會用拍手、撫摸或食物作獎勵。

當成功與海豚建立默契後，就可以參與海洋劇場的動物展示了，當然護理員亦必須懂得游泳才行～透過動物展示，把海豚的生態和保護大海的重要訊息傳達給觀眾，藉此讓更多海洋動物受助。

動物展示

海豚生態知多點～

聽了這麼多，我也想當「動物」被照顧～

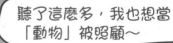

照片中的海豚正確名稱是樽鼻海豚，牠們可以長至3米長，重達200kg以上！雖然牠們這麼有份量，但牠們在水中的身手非常靈活，更可一口氣跳出水面1~2米高！最重要是，牠們智商相當高，而且更有着一顆活潑的好奇心～

鳴謝：香港海洋公園

經驗豐富

我想應徵做髮型師！

你以前有在髮型屋工作？

沒有。

沒有經驗，就要從頭做起。

我有經驗啊！

你剛剛又說沒有在髮型屋工作？

我以前在農場剪羊毛啊！

「頭頭」是道——
髮型師

髮型師必須具美感及潮流觸覺，一旦剪壞髮型，客人便不再光顧。然而若有良好溝通技巧，與客人清晰交流彼此需要及想法，便能避免這問題。現在很多髮型屋也附帶修甲、修剃鬍子等服務，具備這些知識，對留住客人也很有幫助。

成為髮型師一份子！

一般都從學徒做起，替客人洗頭，同時從師父身上學習剪髮知識。一段日子後，便可嘗試電髮及染髮等工作。在累積了一定經驗，並受師父認可時，便能開始為客人剪髮了。

剪髮奧妙　　　學徒制

剪髮最重要是髮型要配合臉型！

無論是圓臉還是尖臉，都有合適的髮型。

髮型師要經過數年的學習，才有機會為客人剪髮。

即是說，想成為髮型師就必須由低做起。

那我這種方臉應該怎麼辦？

簡單～

沒問題，我早有心理準備！

有志氣！

你想整型成圓臉還是尖臉～？

就由低開始剪起！

不動如山

好的。

麻煩你不要動。

啊!!

我叫你別動啊!

我只是用手指揭書啊?

剛才那頁我還未看完啊!

洗頭

髮型師早期的工作是為客人洗頭。

每天洗數十次,雙手的皮膚會受不了。

不過我已想到一個好辦法!

用腳來洗就行了~

優質服務　　　剪髮收費

極速理髮

負離子　　各種髮質

這部負離子直髮器是髮型師的好拍檔。

髮質不同髮型也不同，幼髮的人適合順貼髮型，

利用負離子，就能把頭髮拉得筆直順滑。

粗髮的人即適合鬆捲髮型。

我現在就想用這部機器～

你有客人要做負離子？

不過我已想到方法擺脫這個限制。

是甚麼方法？

這樣就能把公O麵變成意大利粉了。

剃光頭就不用理會髮質了～

61

引領潮流　人龍處理

有不少髮型也成為經典。

突然來了很多客人！

例如 Punk 頭、河童頭、飛機頭……

這樣下去客人會等得不耐煩離開，有沒有方法？

我也要創造一個會流芳百世的髮型！

真的？

我有一個方法可以讓他們留下來～

禿頭～

每個人都先剪一半，這樣他們就逃不掉了～

染髮　　工作拍檔

剪刀是髮型師最重要的拍檔！

客人，你的白頭髮不少啊。

專業的髮型師必須懂得保養自己的剪刀。

那你幫我染一下，不會這麼顯眼的白頭髮吧。

我把剪刀保養得像新的一樣。

真厲害！你是如何保養的？

沒問題，保證不再顯眼～

所有頭髮都是白色，誰還能找到白頭髮～

因為我每次剪髮都用你的剪刀～

63

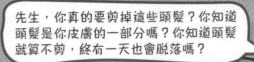

先生，你真的要剪掉這些頭髮？你知道頭髮是你皮膚的一部分嗎？你知道頭髮就算不剪，終有一天也會脫落嗎？

我只是想剪髮而已，為甚麼要聽你長篇大論!?

三千煩惱絲，每條知多啲

頭髮主要是由角質素構成，從皮膚的角質層演變而成。大部分動物的毛髮在長至一定長度就會停止，但人類的頭髮會持續生長，所以髮型師才有穩定的工作。

我們每個人平均有100,000根頭髮，若果剪髮時按根收費，髮型師就發達了～

所以頭髮多不一定是好處啊～

怎麼我連二千根頭髮也沒有？

你的頭皮精打細算，幫你省回一筆錢了～

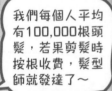

頭髮構造

髓質層

皮質層

表皮層

表皮層：頭髮最外的一層，由魚鱗一樣的細胞像瓦片般堆疊而成，作用是保護頭髮內部免受傷害。

皮質層：頭髮最主要的部分，主要由蛋白質構成，它的構造和頭髮粗幼、彈性及顏色都有關係。

髓質層：頭髮的核心部分，連接頭皮的毛囊，從血管中吸取營養供頭髮健康生長。髓質層不健康，頭髮就會營養不足而脫落。

頭髮生長至脫落的3階段

頭髮每年會平均生長12cm，雖然頭髮會一直生長，但當過了一段時間，頭髮就會衰老脫落。

頭髮早晚也會脫落，我只是加速這個過程～

成長期：頭髮並不是一起生長，而是各有不同的成長起點，每條頭髮平均有6年成長期。

靜止期：渡過成長期後，頭髮就會開始脫離毛囊，停止吸收營養，並進入2~3星期的靜止期。

脫落期：這期間約為12個星期，當頭髮脫落後，毛囊會產生新的髮根，重新開始成長期。

表皮層和皮質層會影響你的髮質，從而限制適合你的髮型，以下4種髮質，你是哪一種呢？

表皮層厚+皮質層幼=細硬髮
外層鱗片讓頭髮較具彈性，只要稍下工夫就能營造各種造型。

表皮層薄+皮質層幼=細軟髮
髮質柔軟但難以定型，而且容易讓人感覺髮量偏少。

表皮層厚+皮質層粗=粗硬髮
難以打理的堅硬髮質，容易變得蓬鬆、飛散及乾燥。

表皮層薄+皮質層粗=粗軟髮
鱗片少讓頭髮難以定形，但頭髮粗讓它較具彈性。

摸一摸你的頭髮，看看它的粗幼和彈性，猜猜自己是哪一種髮質吧～

羊先生你想要甚麼髮型！

咩～剃光才問！？

中樂歷史

中樂歷史悠久，所以有很多古籍也有提及。

而且有不少成語也與中樂有關。

我就經常被人用成語形容我的中樂。

是繞梁三日？

是濫竽充數～

中樂散發傳統魅力，亦較西樂內斂，要意會箇中韻味便需花費相當的時間。自從香港考評局從內地引入考試及證書制度後，中樂愈來愈受歡迎，但若以成為職業中樂師為目標的話，就必須經歷長期的沉悶枯燥練習，追求演奏及造詣上的突破。

成為中樂手一份子！

學中樂需長年浸淫，若偏愛獨奏，可跟隨中樂家拜師學習，對合奏較有興趣的話則能以學校的中樂團為起點，爭取表演或比賽機會。香港唯一的職業中樂團——香港中樂團，附設的香港少年中樂團每年都會公開招募團員，入團後對獲香港演藝學院等名院校取錄較有利。但外界亦有不少業餘中樂團，是晉身中樂師的好選擇。

專長樂器

二胡　　著名中樂器

二胡只有兩根弦，演奏時會把弓放在弦之間，

現代中樂團樂器分為吹拉彈打4種類別，

只要改變拉弓方法就能演奏出不同音色。

一場演出動用差不多二十種樂器。

其實我對拉弓頗有心得。

真的嗎？

看箭！

當中最有名的一定是琵琶！

因為它有二千年歷史？

「有病醫病，無病遲喉」的枇杷，誰人不識～

枇杷膏

揚琴演奏　　演出服裝

中樂團的琴有兩種，一種是用假指甲彈奏的古箏。

正式演出時，現場氣氛亦很重要。

穿上古裝演奏，就能突出中國文化氣息。

另一種是用琴竹彈奏的揚琴。

我覺得氣氛可再好一點。

怎樣辦？

我要急借琴竹。

你想表演？

不准這樣用！

得救了～

換一個更有氣氛的髮型～

舒緩緊張　　練習

每次正式表演前，我都會擔心表演出錯。

中國樂器看似簡單，要演奏不同音階其實很困難。

我會假裝沒有觀眾，維持平常心表演。

只要有恒心和耐性，就會有進步！

你這方法行不通的。

為甚麼？

我認同這種想法！

門票賣不出去!?

因為今天根本沒有觀眾。

所以在我練成前，你要有恒心和耐性去忍受～

工尺譜　　　宮商譜

以前中國使用「宮商角徵羽」五個音階，

除了宮商譜外，還有吹管樂器用的工尺譜。

用中文寫的樂譜別具風格，我很喜歡。

例如上＝do，尺＝re，工＝mi。

我這裏也有份用中文寫的譜。

好，讓我演奏一下！

這是新歌譜？

上、上、工、工、上、工！

不，我只是打機緊張了點！

上啊，攻啊！

糖兩茶匙，水兩杯～

食譜要怎樣演奏！！

71

敲擊樂　木魚

這是雲鑼，是中樂團的敲擊樂器，

中樂團有多種敲擊樂器，木魚是其中之一。

利用軟硬槌敲擊鑼，演奏出不同音色。

表演時會準備大小不同的木魚，敲出不同音色。

這麼多的鑼，要演奏真的不容易。

放心，我有充足訓練～

我再幫你加一個木魚，增加音階。

謝謝。

平時勤打地鼠！

比「目魚」要怎樣敲出聲啊！

72

指揮工作

現代中樂團也有指揮，激昂時就要大聲。

表達哀傷時就要小聲。

你指揮得真好，大小聲操控自如。

這不難，

只要你拿着喇叭的遙控器就行～

笙

吹奏樂器中我最喜歡笙，因為它外形突出。

只要按笙管的孔，就能讓它發音。

它能演奏出和音，更能自娛娛人～

怎樣自娛娛人？

就是這樣！

War Machine!

揭開職業世界!

只要經過學習,大家都能借助中樂器演奏音樂,不過職業演奏家有甚麼工作,要如何才能把興趣轉變成職業?就由香港中樂團的徐慧小姐來分享答案吧～

香港中樂團　**中樂演奏家**
署理二胡首席　**徐慧**
加入中樂團年份　**2006年**

徐慧表示,最初學習時不是以拉一首曲為目標,而是要打好基礎。

建立二胡的基礎

問:能否分享一下你學習二胡的經歷?

徐:學習二胡是非常枯燥的,因為二胡必須有正確的方法才能拉出正確的音,而且需要自己去找出所有音。拉二胡左右手有不同技巧,右手有長弓、快弓等;左手有打音、揉弦等。學習時要花整個星期練習同一技巧,直至把技巧練成自然反應才會進入下一步。

演奏家的工作

問:身為中樂演奏家,平日有甚麼工作?

徐:除了表演、排練和訪問外,我們還會舉辦「普及音樂會」,到各種學校、例如幼稚園、特殊學校及復康機構、老人院等地方表演,最近還在地鐵站於晚上演奏,讓大家更暸解中樂。

↑成功掌握二胡為徐慧帶來成就感。

鳴謝:香港中樂團

二胡演奏家、

←左圖是香港中樂團研發的環保樂器。

←排練是演奏家的日常工作。

練習和首席的工作

問：在表演前你們花多少時間排練？

徐：每日練習六小時，平均花一至兩星期排練。身為首席要帶領聲部，統一每位演奏家的弓法指法及水準，並建立默契。在正式演奏時，只需要首席一個眼神或呼吸，大家就能整齊開始演奏，這種默契是非常奇妙的。

演奏的壓力

問：請問在演奏時會有壓力嗎？

徐：在後台時的壓力最大，但一開始演奏我們就會全情投入，連壓力也忘記了，演奏時大家會有一道「氣牆」，非常專注。

←一踏上舞台，演奏家就會全神貫注。

有＊圖片由香港中樂團提供

投身職業演奏家

問：假若要成為職業演奏家要怎樣做？

徐：若想成為專業，必須進入專業的音樂學院，接受有系統的培訓，例如「視唱練耳」、「曲式分析」，鍛鍊聽力、作曲、看樂譜及音樂知識。我在學院曾學習過兩年鋼琴，鍛鍊音高概念。

與中樂器的邂逅

中樂器包羅萬有，你也想一嘗演奏的經驗？香港中樂團舉辦「中樂齊齊揀課程」，只需一天就可嘗試各種不同樂器，説不定有機會遇上你的「音樂拍擋」～

胡琴重奏展活力

香港中樂團研發環保胡琴之餘，亦不忘帶動其演奏的發展，徐慧小姐就聯同過不少演奏家舉辦胡琴重奏系列演出。想緊貼演出動態便要留意官網了

＊圖片由中樂團提供

http://www.hkco.org/

隱藏意思

各位讀者知道DJ是甚麼的簡寫嗎？

我給一點提示！與我現在做的職業有關。

説起來，我一直都是DJ啊！

怎麼會？

我每期都在尋找 Dream Job 嘛～

音樂以外的精彩——
電台DJ

每個電台節目背後，DJ都會花大量時間搜集題材、挑選歌曲、邀請嘉賓等，所以需要的不只口才，還包括時間觀念及敏鋭應變力，亦要懂混音、剪接等幕後製作。除主持節目，DJ的工作還包括籌辦活動、參演廣播劇及配音等，十分多元化。

成為電台DJ一份子！

除了把履歷及自我介紹的錄音檔案寄往電台自薦外，各電台都會不定期舉辦訓練班或比賽招募新人。入職後一般要從節目助理做起，透過幕後工作學習節目製作流程，約 1-3 年後便有機會成為主持。另外亦不妨考慮近年興起的網台等新媒體，藉此累積經驗及擴展人脈。

ON AIR

DJ夢　　唱片騎師

我夢想是做電台DJ！

Disc Jockey

DJ是Disc Jockey的簡稱。

你想與聽眾分享日常見聞？

不是。

電台DJ按節目需要來播合適音樂，像騎師駕馭馬般駕馭音樂。

你想聆聽不同聽眾的見解？

你想聆聽不同聽眾的見解？

也不是。

聽起來很痛⋯

怎麼了？

每天只是説話二小時，就年薪二百萬！

每次開台都要騎住一堆CD，簡直是虐待！

廣播方式　　只聞其聲

廣播方式分2種。

有數碼廣播前，

我應徵
電台DJ
有回音
了！

一種是AM（調幅）廣播，另一種是⋯

這下離DJ之路又邁進一步了！

不錯，你很適合當DJ！

那由你來說！

我知我知！

真的？

當然。

另一種為FM（調頻）廣播。

PM，吃下午茶一流！

電台只要聲音就行了，長得醜別人也看不到！

閉嘴！

浪漫廣播劇　　　依足指示

電台的工作DJ很繁忙。

DJ有時會創作廣播劇，

策劃節目內容，找適當歌曲，邀請嘉賓⋯

用聲音去給聽眾無窮想像空間！

但節目一開始，就能全身放鬆。

不是最緊張的時刻嗎？

聽到嗎？這故事發生在雨天呢！

淅瀝淅瀝

不，那是我小解的聲音！

On air 燈亮，不就是要我開始在空中飄嗎？哪會緊張？

才不是這個意思！

息息相關

電台與音樂事業不可分割！

例如每年的音樂頒獎典禮，也是由DJ的播放率而決定獎項！

我對這結果有點質疑。

為甚麼？

我每天都播自己唱的歌，可是也沒獎拿！

音樂推介

音樂電台DJ必須對音樂有所認識。

透過節目將自己的音樂推介給廣大聽眾！

那你今天有甚麼推介？

今天我推介催眠曲！因為我很想睡。

混音高手

做電台DJ，有幾種器材不可少。

麥克風用來錄聲音。

耳機則用來隔噪音、與控制人員溝通。

混音器用來控制音源，是播音室的靈魂！控制不當或扭錯按鈕，都會妨礙節目進行。

做DJ我駕輕就熟！

真的？

那是我另一種職業！

點歌

以下是 GO GO 中學二C班全體同學點歌。

他們想答謝老師出了大量練習題，讓他們訓練充足。

這感動時刻，我DJ阿想決定選這首⋯

老師

一起來聽——《你沒有好結果》！

台下十年功

我們做節目，不是說說就行的。

半小時節目就要花上數小時找資料，做準備！

我有方法可省去準備時間！

說來看看！

播《十二分十分吋》和《十分十二分吋》兩首歌，最少有22分鐘不用說話！

根本是倒米！

護聲法寶　　字正腔圓

DJ經常要說話，保護嗓子很重要！

作為DJ，說話不可以有懶音！

所以我平時會多喝水來潤喉。

咬字一定要清晰，這樣才算專業。

其實聲音勞損是能避免的。

怎樣避免？

我對咬字很有信心。

真的？

每次都請嘉賓，說足全程，讓他們自己喉嚨就不會累～

給我好好工作！

我每天都咬很多字！

ON AIR

平時聽電台都覺得DJ只是在閒聊？其實他們背後可是花大量功夫才能完成一個節目呢！這次就由大家熟悉的人物來講解——她就是人稱Purple姐姐的李紫昕！

闖進直播室 解開DJ工作秘密!!

李紫昕（Purple姐姐）
以兒歌歌手及兒童節目成名，人稱「兒歌天后」。2004年在新城廣播電台開始兼職DJ工作，在2011年轉為全職。

DJ的工作流程

就以Purple為她的其中一個以教育、親子等為專題的節目所做的準備為例，列出DJ工作流程吧！

↑播放的曲目可以是最新的流行曲，也可以是DJ本人的心水。

節目前：
挑選想在節目中播放的歌曲；按當天主題事先觀看資訊及新聞，令內容更豐富；若需邀請嘉賓，也要擬定好話題或問題。

節目中：
以「寫紙仔」方式與機件控制員溝通，互相提示播放歌曲及廣告的時間；接聽聽眾電話；當然也要與嘉賓交流！

節目結束：
檢討節目中發生的狀況，例如嘉賓說了不恰當的字詞就要提出，避免再度發生。

鳴謝：新城廣播有限公司

直播室的DJ必備工具！

電台錄音室或直播室的必須器材，缺少任何一件，節目都無法完成！

混音控制器

←↓以Purple的工作為例，她在錄播節目需要自行操作混音器，直播節目則多數由Op機員(電台術語，即「機件控制員」)控制切入廣告，調整音軌等。

控制器最常用的fader(音量控制器，或音衰調節器)用作控制不同CD機或麥克風的音量，此外還能控制廣告播放，DJ說話需要背景音樂時亦會用到。

耳機

↑除隔開雜音，還能作「夾歌」之用，因為DJ要避免說話掩蓋播放曲目的人聲。但說話時難免聽不清歌曲進度，此時同步播放歌曲的耳機便發揮作用。

麥克風

→收錄DJ及嘉賓的聲音，每支麥克風都會連接著一條音量控制器。

DJ的挑戰！

冷場是電台節目大忌，要靠應對及臨場反應去避免。若拍檔為節目效果挖苦自己，幽默的回應還能炒熱氣氛。這都得靠鍛煉「反應」去令節目更有趣！

學歷不是DJ先決條件，創意、口才及高學習能力最重要。除了留意電台招募外，若對自己有信心，不妨寄自己的錄音聲帶給各大電台毛遂自薦！

→Purple給人才思敏捷印象，但曾在兒童節目界工作的她自謂反應不快，這更成了她當上DJ後的首個挑戰！

營養均衡

香港人生活忙碌，食無定時，營養愈來愈不均衡。

所以社會對營養師的需求正急速增長！

我有不需營養師就能解決的方法。

是甚麼？

每天都吃滿漢全席，就不怕營養不均了！

會很快癡肥才對！

掌握要訣 吃得健康——
營養師

營養師的工作不止體重管理，還會受聘於飲食集團、學校飯堂、超級市場等，提供食品營養意見。由於是對人的職業，因此講求人際溝通能力。要留意的是，營養師的訓練會包括臨床營養治療，與不包括這訓練的「營養家」有所不同。

成為營養師一份子！

必須大學畢業，並完成衛生署及醫院管理局認可的營養學課程。雖然目前香港並無營養師註冊制度，但政府認可英國、美國、澳洲、加拿大這四個國家的註冊營養師。若在醫管局轄下的醫院工作會比較穩定，私人機構則發展空間較闊。

焦點錯誤　　持之以恆

香蕉含豐富礦物質、維他命和纖維素。

想有健康飲食，每天計算飲食中的卡路里是很重要的。

雖然甜度高，但熱量卻很低，非常推薦給大家每天吃。

你有按指示每天計算卡路里數量嗎？

有！

為甚麼？

我要投訴你專業失當！

那效果怎樣？

還不錯。

雪糕！

你吃

誰叫

我聽你說每天都吃香蕉卻愈來愈胖！

我算得比以前快得多！準得多！

主要職責

營養師主要從事有關食物及營養的諮詢與治療工作。

而工作範圍從臨床、私人執業、飲食業等都會涵蓋，十分廣泛！

聽上去很有趣。

但卻有個大問題⋯

我看到所有食物都會聯想到它們的卡路里，變得根本不想吃了⋯

466kcal

883kcal

高危食物

高油鹽糖的加工食物雖然美味，但卻很不健康。

因為可能會引致食物成癮，產生肥胖、糖尿病等問題。

真可怕！

不過那些食物卻是一些人的救星。

甚麼人？

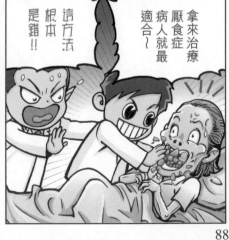

拿來治療厭食症病人就最適合～

這方法根本是錯!!

88

體重指標

營養標籤　　補充營養

香港人忙起上來，連飯也沒時間吃。

要達到健康飲食，就要學懂看營養標籤。

從而決定進食份量，以及估算攝取到的營養。

有時甚至只泡一個杯麵就當一餐。

為何這樣説？

我只知道我需要大量胡蘿蔔素。

這樣會不夠營養。

沒錯！

現在的營養標籤那麼小，我的眼睛要吸收足夠營養才看得到！

所以我會建議他們吃兩個！

糖分攝取　　跑步減肥

世衛建議，一般人每天不要吃多於5至10茶匙糖。

除了制定餐單，營養師還需要給顧客不同的運動建議。

鈴鈴～

但一罐汽水已有8茶匙糖，檸檬茶更有12茶匙！很難控制份量…

我半年前聽從意見每天跑8公里，現在我減了10公斤！

怎樣？

我有方法可以不超標！

每天直接吃5茶匙糖，就一定不過量啦～

甚麼難題？

但我遇到了一個難題…

我現在離家1400公里了！

預防過量　　　營養師之路

花生糖、牛肉乾等
零食熱量高得驚人！

要成為營養師，
要修讀兩年
營養學課程…

50kg的成年人
吃150g花生糖的
熱量，就要游泳2
小時才能消耗掉！

然後就可申請衛生署
或醫院管理局的
營養師職位。

甚麼
方法？

不過我有方法
預防攝取過量！

怎
可能
?!

我沒修讀這些
都已是營養師啦！

很
不
健
康
呀！

不吃正餐，
只吃零食
便可以！

我
養了
很多蒼蠅！
是「蠅
養師」！

減肥良方 2

怎樣才能戒掉甜品？

每天堅持去甜品店吧！

你先聽我說。

我去？

我現在是想要戒！你還是想要戒！

你坐在角落看別人吃，由於你會不停把口水吞掉，所以保證每天能減1 kg！

減肥良方 1

營養師，請問減肥有甚麼良方？

把頭從右轉向左，再從左轉向右，如此反覆。

很奇怪的方法，那應該何時鍛鍊？

有人請客的時候～

謝絕應酬?!

93

大眾健康明燈——解構營養師工作!

「營養師」是否只讓你聯想到「減肥」?其實管理體重只是其工作範圍的冰山一角!讓註冊營養師林詩敏帶大家探索營養師職業世界吧!

米施洛營養中心
英國註冊營養師
香港營養師協會會員 林詩敏

營養師的歷程

比起擔當治療的醫生,營養師屬協助角色,因此平時也會與醫生緊密聯繫,支援病人的飲食健康。

問:你是如何投身營養師一職的?

林:我本來是食物科學範疇的,又從事過食品廠的品質管理工作,後來對營養學產生興趣,所以報讀一個香港大學與英國一所大學合作的營養治療深造文憑,經兩年營養學理論及臨床實踐訓練,才考取了英國營養師資格,在港執業。

問:能分享日常工作流程嗎?

林:視乎預約而定,為新客評估身體狀況,制定餐單,或替舊客監測跟進健康狀況,看餐單有甚麼需要更改。有時還要為進度停滯的客人提供心理輔導呢。

破除對「營養師」的誤解!

問:此外還有甚麼工作?

林:接受不同媒體訪問、出書、投稿、出席講座,還會受邀幫食品公司改良食譜等…主要圍繞營養知識,但範圍也很廣泛!

一除給予病人食療建議,營養師也會教人如何吃得健康又好味,預防疾病。因此他們並不只幫人減肥,也不會剝奪我們享受美食的權利!

跨越挑戰，裝備自己

！餐單紀錄每天飲食，可説是營養師與客人間的橋樑。

問：入行以來，有甚麼事情最有挑戰性？

林：其實常會遇到不合作的客人，例如有客人不肯戒掉甜食，那時就要勸他以代糖代替。用不同方法引導，比直接告誡更能增加他們信任。

問：平時如何進修及裝備自己？

林：香港營養師協會有進修課程讓會員延續營養師資格。另外我還是美國營養師協會會員，平時會研讀它發表的文章，也會研究各類營養產品，尋找新海外食療方法。

晉身營養師之路

問：若想成為營養師，要如何準備？

林：首要當然是喜歡「吃」及「健康」(笑)！中學打好理科基礎後，可報讀港大專業進修學院或中大的營養學課程。但香港並無營養師註冊制度，要考取資格就要到英國、紐西蘭、澳洲等地。

林營養師説，最重要的還是「身教」，以身作則才能把健康訊息傳遞開去。

林營養師給大家的飲食建議！

要飲食均衡，基本上可跟從衛生署建議的飲食金字塔。但大部分讀者正值骨骼生長期，因此每日應吃兩份奶類產品(兩杯奶，或一杯奶加一片芝士)，攝取多點鈣質。

另外現今兒童較多便秘問題，因此除蔬果，也可用麥包代替白麵包，米飯混進糙米等，以攝取足夠纖維！當然也要儘量少油、少鹽、少糖啦！

多喝牛奶，快高長大～

最少 油 鹽

油、鹽、糖

奶類、肉、蛋、豆類 **適量**

蔬菜、瓜類、水果

多些

穀類、麵包、飯、粉和麵 **最多**

水份：6-8杯

鳴謝及照片提供：米施洛營養中心

米施洛 ● MSL
感愛權威 Since 1986

成就夢想

我的夢想工作是入境處！

你要先通過多重測試，有信心嗎？

無論有多少困難，都無法阻止我向夢想踏出一步！

你看，我成功「入警署」了!!

維持香港境內平安——

入境事務員

我們多在去旅行時才會接觸入境事務職員，難免覺得他們工作簡單。其實他們還負責人事登記、生死及婚姻登記等事務，亦要偵查及檢控違反入境條例人士，使命重大。基於工作性質及服務對象極廣，入境事務員需兼備獨立性及團隊精神，及養成主動溝通的習慣，才可更有效執行工作。

成為入境事務員的一份子!!

作為紀律部隊，入職要求自然嚴格，需通過綜合招聘考試、面試、體能測試等。入職後亦要接受留宿訓練，入境事務助理為期 14 週，入境事務主任則 25 週。然而入境事務職系晉升階梯非常清晰，只要夠年資，表現符合要求，便能平步青雲。

入境通道

重大使命　巨大權力

入境處的使命就是提供快捷有效的過關服務。

我們大部份人手，都在管制站辦理出入境手續。

其實入境事務主任掌握了所有市民的生死！

入境處怎會有這麼大的權力!?

這工作正適合我的短處。

短處也有合適的工作？

只是你無知才不清楚！聽好……

整天坐在櫃位，可以遮掩我腳短～

因為它負責辦理出世紙和死亡證～

出世紙

死亡證

過關效率　　忙碌日子

要提昇服務效率，除了增加人手，還有其他秘訣。

假期前後的日子，正是我們最繁忙的時段。

我就知道一個加強過關效率的方法！

因為很多人會出入境，在管制站「打蛇餅」。

是甚麼方法？

我來示範一下。

你已申請加派人手？

還好我早有準備！

只要先下在中央就一定能過關。

井字過三關!?

給我銷假!!!

我是已經在當日請假～

E 道發展　　管制站

經「E道」過關非常方便，只要用身份證和指紋就可以。

包括海陸空，全港一共有12個管制站，

未來更會加入面容辨識系統。

你喜歡去哪一個工作？

我想去屯門碼頭管制站工作。

為甚麼？

這會令很多人取消行程⋯

不是，

因為你住在屯門？

去韓國整容的人，之後就不能入境了！

因為它目前停止客運服務，工作最少～

* 屯門碼頭管制站已於 2016 年 1 月重投服務。

證件工作

除了出入境外，辦理證件亦是我們的工作，

例如身份證和護照都是入境處負責的。

假若身份證掉了呢？

補領身份證也是我們的工作範圍。

我是說我的身份證掉了在地上，想麻煩你幫我拾起來。

自己拾吧！！

檢查護照

麻煩出示護照。

是我的樣子和護照照片不一樣嗎？

照片沒問題，

我只是想告訴你怎樣不到褲鏈沒拉好～

逾期居留　　登記手續

防暴訓練

透過模擬環境，學習如何制服失控人士。

入境處職員必須接受防暴訓練，

這時候就要發揮急智，

萬一身邊沒盾牌，你會怎樣辦？

拿其他東西代替～

偵緝行動

入境處執法組樣樣皆能，由調查、拘捕到檢控都能一手包辦！

亦是全港唯一一個不用律政司代為檢控的執法部門！

有時候，我們還要用「放蛇」行動去搜集證據！

我已準備好放蛇！

你想我先放哪一條？

工作態度

在繁忙時間，偶然也會遇上等得不耐煩的旅客，

T_T @v@ >_<: XX

這時我們要站在他們的角度，想辦法解決問題。

這方面我對自己充滿信心！

你有豐富經驗？

是因為我和他們同樣沒耐性!!!

103

守護香港的海陸空 香港的11+1個管制站!!

⑩

⑤ ⑨

⑦ ⑧

⑪

③

⑫

① ⑥ ④
②

於2012年7月暫停服務的屯門碼頭這個「+1」管制站，時隔三年後終於在今年1月重啟。而香港還有另外11個管制站，你能把它們的名字說出來嗎？

海
① 中國客運碼頭
② 港澳客輪碼頭
③ 屯門客運碼頭
④ 啓德郵輪碼頭

陸
⑤ 羅湖
⑥ 紅磡
⑦ 落馬洲支線
⑧ 落馬洲
⑨ 文錦渡
⑩ 沙頭角
⑪ 深圳灣

空
⑫ 香港國際機場

海‧陸‧空的管制站！

海 路由入境處的港口管制科負責，於2015年就約有2770萬位旅客經海路出入境。除了一般的出入境工作外，港口管制科還要檢查香港水域的船隻，檢查船員和防止偷渡。

一地兩檢不錯，不過更好的是「兩地一檢」，對面檢查我休息～

陸 路由邊境管制（鐵路）科和邊境管制（車輛）科負責，於2015年約有22260萬位旅客經陸路出入境，而最多人使用的就是羅湖管制站。另外，深圳灣管制站更採用「一地兩檢」，讓旅客在一座大樓內完成香港及深圳的出入境檢查，提高過關速度。

空 路由機場管制科負責，於2015年約有4630萬位旅客經機場出入境。另外，機場管制科亦負責在機場進行突擊檢查，於大堂、候機室等地方檢查旅客，防止有人偷渡或使用偽造證件。

現在進行突擊檢查——你有帶零食嗎？

成為入境事務主任！

別以為管制站工作只需坐着很輕鬆，其實入境處職員都要「文武兼備」，除了要有好成績外，還要通過體能測驗才有機會成為入境事務主任！

- 體能測驗分為5項：仰臥起坐、蹲撐立、40米來回短跑、立定跳遠和800米跑。
- 每項最高可得5分，最低可得0分。
- 若要通過測驗，必須最少取得總分15分，而每項必須至少取得1分。
- 你可以每項平均取得3分為目標，亦可挑選自己有信心的項目，以最高5分為目標。

甄選程序

筆試（卷一）
↓
面試
↓
筆試（卷二）
↓
體能測驗
↓
最後面試
↓
成功入職～

資料來源：入境事務處http://www.immd.gov.hk

圖書經驗

我要成為圖書管理員！

你認為自己有甚麼優勢可以勝任？

說到書，我可是很有經驗！

怎麼說？

我玩棋類遊戲未嘗一勝！

輸

管理書海井井有條——
圖書管理員

顧名思義，是管理書及圖書館的職業。香港的學校圖書館與公共圖書館一樣，管理員都要負責借還服務、整理書架、書籍保護及復修。但別以為性格文靜才適合任職圖書館，其實前線人員會經常接觸讀者，亦會負責籌辦導覽、文化講座等，推廣閱書心得。

成為圖書管理員一份子！

有規模的圖書館工種會較多，包括書籍採購、編目、電子分析等，可按興趣選讀有關課程。若想投身康文署轄下的公共圖書館，助理級別需中學畢業，館長級別則需擁有大學學歷，並通過政府綜合招聘考試。大家可先在學校圖書館嘗試管理員工作，獲取接觸讀者及管理書籍的經驗。

解決方法　　工作特色

流動圖書館

香港設有流動圖書館。

這些車輛會在沒有圖書館的地區，為市民提供服務。

我家也有流動圖書館！

甚麼意思？

我把書本帶進廁所看，又忘了拿走，所以廁所變成圖書館了！

宗旨

香港公共圖書館有五個主要宗旨！

其中一個是鼓勵市民外借館藏書本回家享用，善用餘暇。

我個人就非常認同這個宗旨⋯

而且非常貫徹～

你只是在破壞書籍和浪費光陰！！

書籍分類　推廣活動室

公共圖書館採用特定的圖書分類法,把書籍分門別類。

英文書
杜威十進分類法

中文書
劉國鈞
中國圖書分類法

讓大家很容易地在架上找到目標書籍。

這樣還是太麻煩……我發明了更有效的分類方法!

是怎樣的?

分為好看和不好看就行!

一些公共圖書館有推廣活動室,任何想舉辦文化活動的人都能租用。

籍此鼓勵大眾推廣自己喜愛的文化!

我也要用活動室來推書!

好!你想搞甚麼活動?

推書?

俗語　　逾期罰款

俗語説「讀萬卷書，不如行萬里路」，你怎麼看？

如果逾期還書，兒童書要每天罰款五角。

我不太認同這個説法！

最高可罰款二十五元！

因為你覺得「書中自有黃金屋」？

不會罰多於二十五元嗎？

沒錯。

行萬里路太辛苦，我寧願坐著看書！

那我超過五十天才還，就賺了啦！

準時還書!!

電子 vs 實體　　參考圖書館

雖然圖書館現時積極推廣電子資源及服務。

為了使讀者隨時能找到最新資訊，和保存貴重館藏⋯

但我也很喜歡把書拿在手中的實在感！

參考圖書館

所有「參考圖書館」的資料都不設外借。

我就認為實體書比電子書好！

你也有同感？

任何館藏都不能外借？

是的。

實體書可用來遮雨，電腦可不行～

愛惜圖書呀！

那把漫畫書藏在這裏，就不怕被媽媽沒收了！

別亂來！

多元設施

除了書籍，圖書館還有提供自修室服務！

不少考生都會在這裏用心溫習。

我也常常使用自修室的！

你真勤奮！

這裏有冷氣開放，很好入睡呀～

ZZZZ

自助借書

公共圖書館都會設置自助借書機，簡單又快捷！

操作時記得把書脊向著機器來消磁，離館時就不會弄響防盜裝置了。

太好了，我要多多使用！

哦？原來你那麼喜歡看書？

不，借書機能幫我消脂，那我不怕變胖了！

你聽錯了！

圖書保存　　　　還書箱

為了令書本耐用，管理員會把書本包裝好。

還書箱是方便讀者在閉館時間也能還書的設施。

例如加工成硬皮封面等。

只要把書小心地投進箱內，就可以了。

保持書本狀況，我有妙計！

說來看看！

可是我試過用這方法，卻不能還書！

發生甚麼事？

只要不作借閱就可以！

哪有圖書館不借書!?

我把同學借我的漫畫放進去，同學卻說我沒還！

圖書館館長

圖書館館長這職位大家都聽過，但平時我們接觸的多屬前線館員。你會好奇館長扮演甚麼角色，平時又是做甚麼工作嗎？就由現職館長揭開答案！

香港中央圖書館
兒童圖書館館長
朱寶儀 Polly Chu

與圖書館的「緣」

雖並非從小立志做館長，但Polly從小就與圖書館結緣。小學時有份管理圖書閣，中學時也曾在學校圖書館幫忙，還在慈善機構的圖書館做過義工呢！但踏入社會後，才正式透過政府招聘開始圖書館工作的生涯。

館長工作與圖書館運作息息相關，也因為要接觸不同人士，故溝通技巧及服務熱誠都很重要！來看看Polly的日常工作吧！

圖書館館長的一天

開館前

要做好所有準備工作，如檢查電腦狀況，借還書系統等是否正常等。另外要安排同事將已歸還書籍上架，還要檢查告示是否過時、桌椅有否耗損，若有，則交由負責同事跟進。

鳴謝及資料提供：
康樂及文化事務署
香港中央圖書館

知識寶庫的守護者

圖書E世代！

為令傳統與科技並存，圖書館去年推出數個流動應用程式，只要擁有圖書證，足不出戶都能享受到各項圖書館服務！

我的圖書館

介面簡潔，方便查閱自己的圖書紀錄。更可設置還書提示，不怕忘記歸還～

iOS　　　Android

多媒體資訊系統

收集了大量與香港相關的資料，包括舊照片、歷史檔案、報紙等，甚具參考價值！

iOS　　　Android

當然亦可登入圖書館網頁，瀏覽各種豐富的電子資料～

閉館後

再巡一遍館內，確保所有讀者已離開及設施已妥善關閉；期間觀察書架及書車的書籍，日積月累，便可掌握讀者閱讀喜好及習慣，有助日後構思及制定館藏策略。此外也會跟前線同事交流，瞭解他們當天工作的苦與樂，然後才完結一天工作～

開館期間

主要處理文件、讀者查詢及預約、人手安排、館藏檢討及發展等，此外，圖書館近年積極對外推廣圖書館服務，因此館長也會到教育局、學校等地方宣傳圖書館近期的活動或比賽。

館中每月都會因應社會發生的事物設置主題書展。擬定每月主題也是館長工作之一呢！

夢想題材

繪出奇妙世界——漫畫家

畫功固然重要，但「故事」才是漫畫的靈魂，有無窮創作力才能造就出色題材。一篇漫畫分很多工序，包括劇本、分鏡、填色等，一些漫畫家會有助手幫忙，但亦有不少會一手包辦。隨著數碼發展，若懂操作繪圖及漫畫軟件則更有競爭力呢。

成為漫畫家一份子！

香港並無專門漫畫學校，但坊間有不少漫畫創作課程。目前香港漫畫市道遜於以往，短篇漫畫及插畫則較盛行，因此入行除了從漫畫助理做起，或寄作品給出版社自薦外，也可先在網上平台發表作品，建立知名度，有機會吸引出版社合作。

意志堅定！

我的真正夢想是做一個漫畫家！

漫畫有很多題材，你打算畫哪種？

我畫的要做很多資料搜集！

這麼厲害？哪種？

美食漫畫，主角是個廚師！

你只不過是貪吃！

自信　最重要資格

我是個標準漫畫迷！

看過很多漫畫書！

你來應徵漫畫家？

我畫功很好，適合當漫畫家！

所以絕對有資格成為出色的漫畫家！

畫功不太重要，這職業很辛苦的。

我不怕辛苦！

但你有練習嗎？可否看看你的畫稿？

稿費很少。

我不怕捱窮！

好！讓你看看我的最新武俠鉅著吧！

四方頭火柴人

不合格！！

你能在趕稿時幾天不睡覺，直至完成工作？

那我沒資格了，我不能不睡覺啊！夢想破滅了～

嗚～嗚～嗚～

全情投入

漫畫家最重要是全情投入！

一定是在畫警察漫畫。

只有精神上代入，才能畫出有血有肉的人物。

在畫賽車手的故事！

咦？這⋯是甚麼形象？

我竟然猜不出來？

這就是漫畫家的日常形象啊～～

現代式走紅

這本《夢想職業家》很好看啊！

這個作者好搞笑！

阿想很鬼馬！

好幽默！

很多人看我們的漫畫，我們走紅了！

是嗎？不過⋯

沾沾自喜33

他們都是手機上網看盜版，其實我們的書賣不出去！

漫畫與科技

從前畫漫畫需要很多工具！

但現在全部能以電腦代替。

那麼現在畫稿豈不是更快？

也不是…

有電腦後，我經常上網聊天玩遊戲…畫稿反而更慢了！

甚麼！？

顧名思義

快截稿了，畫還沒畫完嗎！？

快！

快！

快！

叫你畫快點呀！怎麼還慢吞吞？

怎麼快得了？

我是「慢」畫家呀！

119

找靈感絕技

想故事，對於漫畫家很重要。

所以我有時會坐車四處走走。

或者到海邊吹吹風。

但最大的靈感來源，還是各種天馬行空的夢境…

你只是貪睡!!

電腦優劣

用電腦畫漫畫有很多優點！

其中一項是能無限復原，做錯了也可隨時修改。

UNDO UNDO UNDO UNDO UNDO

但也有一個很大缺點！

甚麼缺點？

就是電腦會當機，破壞你的檔案！

我辛苦做了幾天的工作啊!!

橡皮擦妙用　　　填黑

這期草稿畫好了嗎？

鉛筆稿畫好了，今期背景華麗，令人目不暇給～

トン

但離截稿只剩五分鐘了。

糟糕！弄翻墨水瓶，我的畫沒有了！

助理

主筆

放心，我盡全力，一定可以及時完成的！

別怕，我幫你補救！

主筆

BLA

甚麼？把背景擦光了？

草稿改好了！背景簡潔，很有想像空間～

完全填黑，便沒人知道你倒翻墨水了！

主筆

差天共地

支持者　知名度

阿想簽名會

做漫畫家，最開心是作品受歡迎。

你是漫畫家？能幫我簽名嗎？

當然可以！

得到支持者愛戴是很美妙的！

能給我畫一個公仔嗎？

可以！可以！

咦！何同學的簽名會開始了！

甚麼？

我想要「森巴」公仔！

吓？我不懂畫森巴啊！

我也是何同學的支持者啊！

何同學簽名會

要排隊啊！

你不是姜智傑？難道是鄧俊棠？溫世勤？余遠煌？你到底是哪個是？

《夢想職業家》兩歲了！究竟人人都喜愛的阿想，誕生過程是怎樣的？這次採訪對象正是阿想的「父親」──漫畫家何同學，由他親自揭開這份大眾夢想工作的面紗！

專訪 何同學
「阿想」是如何畫成的？

漫畫家歷程揭秘！

何同學原來並非由兒童漫畫起家，讓我們先了解一下他的歷程！

年幼時期適逢香港武俠漫畫興起，在港日漫畫浸淫下，逐漸建立自己的漫畫風格。雖然讀書成績優異，但憑著對漫畫的熱愛，深思熟慮後還是進入漫畫行業，從學徒做起。

掌握所有漫畫技巧後成為主筆，數十年間輾轉在不同漫畫公司工作，發表了幾十篇原創及改編漫畫，並開設工作室。2014年開始繪畫《夢想職業家》及創作了小主角「阿想」，愈來愈受大家歡迎！

漫畫不能沒有故事，根據漫畫類型及漫畫家意願，劇本可以由負責編輯或漫畫家本人編寫。你又猜得出我的故事是由哪邊負責嗎？

漫畫製作過程介紹！

每期的《夢想職業家》都有固定的製作流程，分別是劇本→圈稿→線稿→上色，最後是完成稿。接下來我們就先介紹圈稿及線稿的工具吧！

畫筆大不同！

工欲善其事，漫畫家沒「筆」就不能畫畫。你又能否在看介紹前猜出下圖中的是甚麼筆，又各有何用處？

圈稿

線稿

鉛筆/藍色鉛筆

不用多問，兩者都是畫圈稿用的。藍色鉛筆更能讓漫畫家分辨需要注意的地方。

科學毛筆

較粗的線條會用到，更可藉控筆力度來控制粗幼，與毛筆的效果相同。

非常適合繪畫阿想的頭髮！

麥克筆（Marker）

線條最粗，主要用來繪制畫框（但現在畫框多以電腦繪製）。

簽名筆/代針筆/原子筆

線條較細，粗幼也較穩定，用於畫幼細的位置（例如五官）。

再幼點的線條（例如阿想的眉毛），就會用更幼的原子筆。

總括來說，線條的粗或幼都以「筆種」作區分。以下就把幾種筆的線條畫在一起作比較，是否更一目了然？

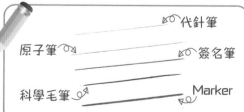

代針筆

原子筆

簽名筆

科學毛筆

Marker

了解過漫畫家首要工具，下頁將介紹彩色阿想的誕生過程！

阿想彩色化過程披露！

科技年代，只要有電腦，畫漫畫過程就能化繁為簡。何同學最常用的軟件有三種——Photoshop、Painter、Comic Studio。以下正是他用Comic Studio的上色示範！

Photoshop和Painter都有強大的繪圖功能，Comic Studio則是現時日本最流行的漫畫製作軟件，由對白框到表達陰影的網點都有預設！

①

以電子畫板勾範圍，比滑鼠更快速準確！

用前面各種筆繪畫好稿件（此處稱為「線稿」），掃描至電腦後，就開始沿黑線套取範圍，分成不同區域！

②

因此上色時，就會看見顏色是一個個色塊的狀態～

把稿複製成不同圖層，並在複製的圖層上色，並不會在原圖層（線稿）上色哦！分層上色好處是萬一要改色，在圖層更改即可，不會對原圖層有任何影響～

在其中一個圖層，替阿想的臉添上合適顏色～

③

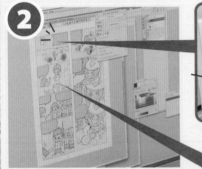

完成！

分別上好顏色後，把圖層合在一起輸出，再交由編輯與設計師加上對白，就會成為我們看到的彩色畫稿了！

總結一下每期「阿想」的誕生過程吧！

1 編寫好劇本後，何同學按照劇本繪畫圈稿。

圈稿其實就是鉛筆稿，需交由編輯審批呢！

2 用不同筆種描繪出線稿，再掃描進電腦作後製！

以墨繪線，因此稱線稿，若是黑白漫畫，只要再貼上表示陰影的網紙，就完成了！

3 分出不同上色區域，再輸出成完成稿。

夢想題材

編輯及設計師依劇本加上對白後，阿想就呈現在大家眼前！

漫畫家的秘辛

因為當年學徒制的薪水低，何同學的好一些同事生活都捉襟見肘，幸好何同學是個有分寸的人，才不致於陷入同一結果呢！

以公司為家？

雖輾轉去過不同工作室，但工時都一樣很長，發稿時還有可能幾天無法回家，因此睡覺的地方當然就是公司了，如沒有休息的房間，甚至要睡在自己桌下。因此何同學入職的第一件事，就是被師兄帶去買睡袋～(笑)

雖然難捱，但全靠熱誠和毅力，何同學才能打下這麼堅實的基礎！

想進入漫畫行業，可從漫畫助理做起。另外，現在有不少公開自己作品的渠道，如投稿至出版社或網站等，讓未來漫畫家透過不同途徑自薦。

給未來漫畫家的建議！

漫畫家畫功固然重要，但若不擅「講故事」就無法引人看下去。然而作文無法一朝一夕速成，因此平時多吸收不同資訊，訓練創作力相當重要。

第2集

編繪：何同學
原案：創作組
監修：陳秉坤
編輯：黃慧兒
設計：徐國聲、黃卓榮

出版
正文社出版有限公司
香港柴灣祥利街9號祥利工業大廈2樓A室

承印
天虹印刷有限公司
香港九龍新蒲崗大有街26-28號3-4樓

發行
同德書報有限公司
九龍官塘大業街34號楊耀松（第五）工業大廈地下

香港中文版版權所有　　　　　　　　　　　　　　翻印必究
第一次印刷發行　　　　　　　　　　　　　　　　2016年7月

Printed and published in Hong Kong.
ISBN : 978-988-8297-610
售價HK$48
若發現本書缺頁或破損，請致電25158787與本社聯絡。
COCO官方網站 http://www.co-co.hk/

網上選購方便快捷　購滿$100郵費全免
詳情請登網址 www.rightman.net

COCO已成立facebook專頁
f COCORightman